收费公路联网收费工作指南
——客户投诉处理工作

交通运输部路网监测与应急处置中心　组织编写

人民交通出版社股份有限公司

北　京

内 容 提 要

全国高速公路联网收费开创了高速公路"一张网运行、一体化服务"的全新局面。客户跨省通行由原来单省服务转变为多省协同服务,这对客户服务质量提出了更高要求,既要满足客户对ETC服务内容多元个性化发展需求,兼顾日益细分的客户群体的诉求,又要规范ETC发行、售后、通行、咨询、投诉、票据服务以及拓展应用等全流程、多场景服务。本书针对以上服务过程可能产生的投诉进行分析并举例,进一步规范和指导收费公路联网收费客户投诉处理,提升其时效性和服务质量。

本书供客服行业从业人员参考。

图书在版编目(CIP)数据

收费公路联网收费工作指南. 客户投诉处理工作/交通运输部路网监测与应急处置中心组织编写. —北京:人民交通出版社股份有限公司,2022.12
ISBN 978-7-114-18464-2

Ⅰ.①收… Ⅱ.①交… Ⅲ.①收费道路—公路费用—收费—中国—指南 Ⅳ.①F542.5-62

中国版本图书馆 CIP 数据核字(2022)第 257516 号

Shoufei Gonglu Lianwang Shoufei Gongzuo Zhinan——Kehu Tousu Chuli Gongzuo

书 名:	收费公路联网收费工作指南——客户投诉处理工作
著 作 者:	交通运输部路网监测与应急处置中心
责任编辑:	王 丹
责任校对:	席少楠
责任印制:	张 凯
出版发行:	人民交通出版社股份有限公司
地 址:	(100011)北京市朝阳区安定门外外馆斜街 3 号
网 址:	http://www.ccpcl.com.cn
销售电话:	(010)59757973
总 经 销:	人民交通出版社股份有限公司发行部
经 销:	各地新华书店
印 刷:	北京虎彩文化传播有限公司
开 本:	787×1092 1/16
印 张:	2.5
字 数:	58 千
版 次:	2022 年 12 月 第 1 版
印 次:	2022 年 12 月 第 1 次印刷
书 号:	ISBN 978-7-114-18464-2
定 价:	68.00 元

(有印刷、装订质量问题的图书,由本公司负责调换)

编 委 会

主　　编：高　薪　李　剑

参编人员：宋惠娟　赵　晴　张丹萍　李　燕　李　伟

　　　　　　胡志丰　张　然　张银刚　平本强　赵　阳

　　　　　　孙　浩　高　原　蒋　涛　杨　轩　陈寅卓

　　　　　　郭剑辉　晁　璐　司向南　郝兴伟　王亮亮

　　　　　　翟康洁　吴济东　张　娇

前　言

2019年12月31日24时，全国高速公路联网收费系统顺利切换，世界上规模最大的高速公路电子不停车收费系统正式运行，487个省界收费站同步取消，开创了高速公路"一张网运行、一体化服务"的全新局面。高速公路"一张网"的形成，对客户服务工作提出了新的要求和挑战。伴随高速公路"一张网"的形成，客户跨省(区、市)通行由原来单省(区、市)服务转变为多省(区、市)协同服务，多客户服务渠道同步部署完善。

为规范和指导收费公路联网收费客户投诉处理，提升处理时效性和质量，依据《收费公路管理条例》(国务院令第417号)、《关于印发〈收费公路联网收费运营和服务规则(2020)〉的通知》(交办公路函〔2020〕466号)、《交通运输部办公厅关于印发〈收费公路联网收费客户投诉处理实施细则(试行)〉的通知》(交办公路函〔2020〕781号)等相关规定，结合全网运营和服务现状，交通运输部路网监测与应急处置中心组织编写了《收费公路联网收费工作指南——客户投诉处理工作》，指导日常投诉处理工作。

本书编写过程中参考了交通运输部路网监测与应急处置中心联网结算服务部相关文件资料，旨在为收费公路联网收费客户服务提供参考。本书由高薪、李剑主编，参编人员如下：第一、二章，宋惠娟、赵晴、张丹萍、李伟、平本强、赵阳；第三章，李燕、胡志丰、张然、孙浩、高原；第四章，蒋涛、杨轩、王亮亮、翟康洁、陈寅卓、郭剑辉、晁璐；第五章，张银刚、司向南、郝兴伟、吴济东、张娇。

在本书的编写过程中，我们得到了北京速通科技有限公司、江苏高速公路联网营运管理有限公司、江苏通行宝智慧交通科技股份有限公司、浙江高速公路智能收费运营服务有限公司、山东省交通运输厅数据应用和收费结算中心、山东高速信联科技有限公司、河南省视博电子股份有限公司、广东联合电子服务股份有限公司等有关单位的大力支持，在此一并致谢。

由于时间仓促，加之编者水平有限，书中难免存在错误，恳请读者和同行提出宝贵意见，在参考实践中将发现的问题及时函告本书编写单位：交通运输部路网监测与应急处置中心(地址：北京市朝阳区安定路5号院8号楼外运大厦20层；联系人：高薪；邮政编码：100029；电话：010-65299311；传真：010-65299196；邮箱：lwzxfwxtz@163.com)，以便修订时参考。

编　者
2022年6月

目　　录

第一章　客户投诉处理概况 …………………………………………… 1
　第一节　投诉处理主要内容 ………………………………………… 1
　第二节　投诉分类 …………………………………………………… 1
　第三节　基本要求 …………………………………………………… 2
第二章　投诉处理程序 …………………………………………………… 3
　第一节　投诉预受理 ………………………………………………… 3
　第二节　投诉受理 …………………………………………………… 3
　第三节　投诉处理 …………………………………………………… 3
　第四节　投诉回复和结案 …………………………………………… 4
　第五节　投诉回访 …………………………………………………… 4
　第六节　投诉判责 …………………………………………………… 5
　第七节　投诉归档 …………………………………………………… 5
第三章　主要类型投诉处理 …………………………………………… 6
　第一节　ETC 通行费争议投诉 ……………………………………… 6
　第二节　通行费发票投诉 …………………………………………… 12
　第三节　ETC 通行异常投诉 ………………………………………… 15
　第四节　ETC 卡或标签使用投诉 …………………………………… 17
　第五节　ETC 发行售后投诉 ………………………………………… 19
　第六节　ETC 拓展应用投诉 ………………………………………… 20
　第七节　非 ETC 收费投诉 …………………………………………… 23
　第八节　服务投诉 …………………………………………………… 25
第四章　投诉快速处理程序 …………………………………………… 26
　第一节　基本要求 …………………………………………………… 26
　第二节　主要类型投诉快速处理 …………………………………… 27
第五章　服务质量评价 ………………………………………………… 32
　第一节　基本原则及工作要求 ……………………………………… 32
　第二节　质量评价主要内容 ………………………………………… 32
　第三节　质量评价指标 ……………………………………………… 33

第一章　客户投诉处理概况

2019年12月31日24时,全国高速公路联网收费系统顺利切换,世界上规模最大的高速公路电子不停车收费系统正式运行,487个省界收费站①同步取消,开创了高速公路"一张网运行、一体化服务"的全新局面。高速公路"一张网"的形成,对投诉处理工作提出了新的要求和新的挑战。

伴随高速公路"一张网"的形成,客户跨省(区、市)通行由原来单省(区、市)服务转变为多省(区、市)协同服务;ETC②卡异地发行促使大量客户为异地ETC在本省(区、市)内通行,需要发行省(区、市)与通行省(区、市)的协同服务;某个省(区、市)某个站点的设施或服务出现问题,影响范围由原来的只限于本省(区、市)扩展到影响全网。基于以上业务转变,投诉处理也从单省(区、市)负责向多省(区、市)协同转变,投诉处理特别是跨省(区、市)投诉处理变得更加复杂。

客户服务应在尊重事实的基础上,坚持以客户利益优先为核心,以首问负责制、发行服务机构负责制为原则组织实施,确保处理标准化、规范化、专业化。

第一节　投诉处理主要内容

一般客户投诉受理渠道包含:全网ETC服务监督热线95022(含语音和在线)、各省(区、市)客户服务热线以及用户在线上小程序等提交的自助工单。

各省(区、市)客户服务管理部门督导协调本区域各参与方处置与其相关的客户投诉,主要内容包括:负责涉及与本单位相关的客户投诉的处理和调查取证;负责处理作为出口省(区、市)的收费公路联网收费结算管理机构(简称出口省中心)时的非ETC投诉退款。发行服务机构负责受理本机构发行客户投诉的受理、处理和回复;完善客户投诉的必要信息;协调相关被投诉方按规定进行投诉处理;负责本机构发行客户的ETC退费相关工作。道路业主负责涉及本路段的客户投诉的处理和调查取证。对跨省(区、市)争议投诉提交上一级客户服务管理部门进行裁决,按照规定开展回访投诉处理情况,抽检投诉工单服务质量情况,组织开展投诉处理评价等工作。

第二节　投　诉　分　类

(1)客户投诉按类型区分为ETC通行费争议投诉、通行费发票投诉、ETC通行异常投

---

① 省界收费站是指在各省级行政区交界处设置的收费站。
② Electronic Toll Collection的缩写,即电子不停车收费。

诉、ETC使用投诉、ETC发行售后投诉、ETC拓展应用投诉、非ETC收费投诉、服务投诉和其他投诉等。

（2）客户投诉按性质通常区分为一般投诉和重要投诉。重要投诉指非客户原因导致的重复(含二次及二次以上)投诉、短时间内多个客户对同类问题进行的集中投诉，以及被各类媒体关注需紧急处理的投诉等。重要投诉需按照快速处理程序进行，有较高的时效要求。

第三节　基本要求

客户投诉处理通常按照预受理、受理、处理、回复、结案、回访、判责、归档等程序组织实施。

各参与方应当妥善保管并及时提供与投诉处理相关的通行记录、车道日志、图像、视频音频资料、电话录音等证据，保存期不少于6个月，未按要求提供或者无法提供相关资料的需承担相应责任。

客户投诉处理应当基于核实验证过的证据组织实施。如某参与方无法提供免责证据，则推定该参与方有责。判定责任方后，由该责任方进行处理和整改。因客观原因导致的投诉，发行服务机构应当主动向客户解释，寻求谅解。

投诉处理时间采用北京时间，通常为9时至17时，不包含国家法定节假日（元旦、春节、清明节、劳动节、端午节、中秋节和国庆节）。

第二章 投诉处理程序

第一节 投诉预受理

投诉预受理一般通过电话、在线或现场等三种渠道进行。客户可任选一种渠道发起投诉。

投诉预受理方在预受理客户投诉时,应当首先对客户进行安抚,并请求客户提供相关证据,留存客户来电录音、现场投诉记录签字等;收集到的相关证据资料,应当实时录入投诉预受理工单。

投诉预受理方应当在投诉工单中记录客户投诉信息,主要包括基本信息(姓名、车牌号、ETC卡号、联系方式等)、事件发生时间(尽量准确填写)、事件发生地点、事件描述、主要诉求等;涉及通行费争议或通行异常投诉时,还应当记录通行时间、入出口站、车类型、扣费金额、收到扣款短信时间等。

同一客户投诉多个事件时,应当分别提交对应的投诉预受理工单。

投诉预受理方完成投诉预受理工单后,实时将工单进行提交。对于ETC客户投诉将工单提交到对应的发行服务机构;对于非ETC收费投诉将工单提交到出口省中心。

第二节 投诉受理

发行服务机构或出口省中心收到投诉预受理工单后,应当在规定时间内核查验证相关证据的完整性和真实性,确认是否正式受理投诉,逾期自动形成正式投诉受理工单,且开始计算投诉处理时间。

对于信息资料不全的投诉预受理工单,发行服务机构或出口省中心应当积极联系客户补充完善。如在1个自然日内未能联系客户补充完善的,可作挂起处理,并注明挂起原因;如后续与客户重新取得联系并补充完善的,应当将原工单解挂并进入受理环节。

对于客户误解或经查询后与投诉内容不符的,发行服务机构或出口省中心应当主动联系客户解释,寻求客户谅解后,预受理工单可进行结案。

对于符合要求的投诉预受理工单,发行服务机构或出口省中心根据客户投诉内容增加投诉对象,形成正式投诉受理工单提交到被投诉方,并且开始计算投诉处理时间。

第三节 投诉处理

投诉处理包括投诉核查、交互处理和出具处理意见。

投诉处理应当以发行服务机构和被投诉方作为主体。其中,非 ETC 收费投诉和绿通应免未免投诉的处理主体应当为出口省中心,其他参与方积极配合处理。

被投诉方收到投诉工单后,应当积极主动展开投诉核查取证,主动配合其他参与方协同处理,及时提交相关证据、处理依据、问题原因、处理结果等资料,确保各参与方实时获取处理进展。

客户提交的证据与客户投诉事实不一致时,被投诉方应当协调受理方尽快联系客户核实有关情况,未经核实处理不得提交处理结果。

储值卡客户对通行费提出争议投诉时,应当根据客户提出的交易时间及地点,及时核查车道交易流水,如车道交易流水未上传且未逾期,通行省(区、市)的收费公路联网收费结算管理机构(简称通行省中心)应及时补传交易流水,多扣通行费的应当及时退费;如车道交易流水未产生、形成无流水交易但卡面确实多扣通行费的,被投诉方应当及时提交相关说明及证据,由发行服务机构为客户储值卡调账。

对于 ETC 通行异常投诉无法准确核实原因的,发行服务机构及道路业主均作为被投诉方参与核查,发行服务机构对客户的 ETC 卡和 OBU[①] 进行质量检查,道路业主对车道设备或系统进行检测,双方均按规定时限给出投诉处理意见。

对于涉及退费的,应在处理意见中明确退费金额。

第四节 投诉回复和结案

发行服务机构收到投诉处理意见后,应当在处理限时内向客户回复处理结果。

客户认可投诉处理结果时,发行服务机构应当及时结案;客户不认可投诉处理结果或投诉沟通协调处理超时,上级客户服务管理单位及时介入,在规定时间内作出裁决。客户不认可裁决时,可发起申诉或通过法律手段解决。

被投诉方认可裁决时,应当在处理限时内执行投诉处理结果,涉及多扣通行费时,被投诉方需在投诉工单中写明退费原交易流水号、金额及原因,自动进入退费程序。被投诉方不认可裁决时,应当在处理限时内提出申诉意见和证据截图,上级客户服务管理单位出具最终意见后结案。

客户发起通行费争议投诉,经核实与事实相符的应当在结案后及时退费。

客户发起的 ETC 通行费争议投诉确认多扣通行费时,发行服务机构在结案后规定时间内完成退款。客户发起的非 ETC 通行费争议投诉确认多扣通行费时,出口省中心应当在结案后规定时间内完成退款。涉及金融机构的,应协调金融机构在规定时间内完成退费。

第五节 投诉回访

省(区、市)中心或发行服务机构应当对本地发起的已结案投诉,进行全量回访。

---

① On Board Unit 的缩写,即车载单元。

一般投诉,应当在结案后进行客户回访,可采用电话、短信或邮件等方式进行;如客户对短信、邮件等非电话方式回访不满意,建议采用电话方式进行二次回访。

重要投诉,应当采用电话方式进行回访。

客户回访时,回访人员应当明确告知投诉处理结果,主动询问对投诉处理的满意度,详细记录回访时间、回访对象、回访事项、回访结果和满意度等。

客户反馈所投诉问题未得到及时有效解决,回访人员应当记录客户反馈问题和主要诉求,并在原工单上增加客户诉求及回访记录,作为重要投诉加快处理。

第六节 投诉判责

各省(区、市)发行服务机构应当在投诉结案后规定时间内完成投诉判责工作。

投诉判责结果区分为有责任、无责任和责任不清三种情况。

被判有责任时,各参与方根据承担的责任和存在的问题,进行针对性整改完善。

被判无责任时,各参与方均无主观过错,不追究相关各方责任。

被判责任不清时,应当对相关事项记录在案,督导各参与方持续排查,并举一反三解决可能存在的问题。

第七节 投诉归档

客户投诉判责后,对因系统或产品原因造成的投诉,应当进一步核查整改同类系统或产品存在的问题,并及时向研发单位或生产厂商反馈意见,督促其改造升级;对因流程或规定不合理造成的投诉,应当及时对流程或规定进行改进完善。

客户投诉预受理人员应当在分类整理的基础上,及时将客户投诉处理相关资料归档留存。

第三章 主要类型投诉处理

第一节 ETC通行费争议投诉

一、重复扣费投诉

1. 投诉预受理流程

（1）投诉预受理人员应当首先查询该客户通行记录，及时核实有关情况，认真解答客户疑问。

（2）如投诉预受理人员能够查询到客户通行记录时，应当按照工单模板规范填写，并将客户提供的现金缴费凭证（或现金发票号、第三方支付流水号）和关联的通行记录作为附件，一并转至发行服务机构。

（3）如投诉预受理人员无法查询到客户通行记录时，应当提请客户登录本人ETC账户查询交易清单，或者联系发行服务机构查询本人通行记录，及时提供相关情况作为投诉处理依据。

（4）如投诉预受理人员无法查询到客户通行记录，且客户无法查询到通行记录或不愿意自行查询时，应当根据客户投诉描述，规范填写投诉工单，转至发行服务机构。

2. 投诉受理流程

（1）发行服务机构接到客户投诉预受理工单后，应当在规定时间内核查验证相关证据的完整性和真实性。

（2）对于ETC重复扣费投诉，发行服务机构应当核实情况。如存在重复扣费，须在投诉工单处理结果中写明退费时间、退费金额。如重复扣费的ETC通行记录已清算，须将工单完成正式受理并转至被投诉方[通行省（区、市）]。

（3）对于ETC和现金重复扣费投诉，发行服务机构应当核实是否存在ETC扣费，如存在ETC扣费，并将投诉工单及时转至被投诉方[出口省（区、市）]核实是否存在现金缴费。

3. 投诉处理流程

（1）被投诉方接到投诉工单后，调取车道日志、录像等证明，核查确认客户是否存在重复扣费，及时将车道日志、录像等证明作为投诉附件及核查结果，一并更新到投诉工单中。如存在重复扣费，须在投诉工单处理结果中写明退费时间、退费金额。

（2）确认应当退费后，发行服务机构在规定时间内完成退款。涉及金融机构的，应协调金融机构在规定时间内完成退费；对于储值卡客户，如车道交易流水未产生，形成无流水交易但卡面确实重复扣费的,发行服务机构应当为客户储值卡调账。

(3)对于跨省(区、市)ETC重复扣费,被投诉方根据发行服务机构推送的ETC通行记录进行退费确认,确认后进入次日退费交易清分结算,相关省(区、市)补传红冲发票数据。

4. 投诉回复、结案

(1)如确认存在重复扣费,发行服务机构回复客户时,应当明确告知客户产生重复扣费的原因、退费时间和退费金额。

(2)如确认不存在重复扣费,发行服务机构应当根据被投诉方给出的处理意见,及时向客户进行解释说明,安抚客户情绪。

(3)发行服务机构回复客户得到认可后,可完整填写投诉工单并及时结案。如客户不认可投诉处理结果,发行服务机构应当在工单中准确记录原因及诉求,提交部级客户服务管理部门裁决。

5. 投诉回访

(1)投诉回访时,对确认重复扣费的,应当询问客户是否获悉退费处理结果或者收到退费资金;对确认不存在重复扣费的,应当及时做好解释说明。如客户反馈所投诉问题未得到及时有效解决,回访人员应当记录客户反馈问题和主要诉求,并在原工单上增加客户诉求及回访记录,作为重要投诉加快处理。

(2)投诉回访时,回访人员应当询问客户对投诉处理服务质量是否满意。如客户反馈对投诉处理服务质量不满意,应当生成服务质量投诉,转至相关省(区、市)进行处理。

6. 责任判定

(1)因客户原因造成的投诉,各参与方无责任。

(2)因车道或系统原因产生的投诉,属被投诉方责任。

(3)因收费员操作有误造成的投诉,属被投诉方责任。

7. 案例

事件描述:客户2021年4月份来电反映通行A省至B省,微信支付72元后,ETC又产生142.5元的扣费。

处置情况:发行服务机构受理客户投诉,首先请客户提供微信支付凭证或者现金发票等证据。发行方核实ETC扣费情况,如存在重复扣费或无法核实清楚,生成工单并添加支付凭证、现金发票截图等相关证据作为附件一并转至各通行省(区、市)道路业主。

(1)各通行省(区、市)道路业主首先通过交易流水核查确认是否重复扣费,如确认重复扣费,为客户办理退费。

(2)各通行省(区、市)道路业主未查询到重复交易流水,出口省(区、市)道路业主应调取车道日志、图像、录像等记录还原出口收费情况,如存在重复扣费,出口道路业主应主动发起退费并出具详细的处理意见,发行服务机构为客户办理退费。

本案例客户未提供任何凭证,经核查CPC[①]交易流水和ETC交易流水,存在重复交易,

---

① Compound Pass Card 的缩写,即高速公路复合通行卡或收费公路联网收费通行卡。

为客户办理退费。

二、应免未免投诉

1. 投诉预受理流程

（1）投诉预受理人员应当提请客户提供车牌号、车牌颜色、通行时间、入（出）口站点名称等信息，核查客户通行记录。

（2）经核实不符合重大节假日、特殊通行证等减免政策的，投诉预受理人员应当告知客户具体减免政策，消除客户疑问。

（3）经核实符合重大节假日、特殊通行证等减免政策的，投诉预受理人员应当按照工单模板规范填写，并将关联的通行记录作为附件，一并转至发行服务机构。

（4）绿通车辆、联合收割机、集装箱车辆的通行费应免未免，投诉预受理人员应当先判断客户是否为 ETC 套装客户，如属 ETC 套装客户且在通行前完成预约，应当引导客户通过中国 ETC 服务小程序自助申请退费；无法成功自助申请退费（如未获取查验码等）或在通行前未完成预约的，应当按照工单模板规范填写，并将关联的通行记录作为附件，一并转至发行服务机构；如属出口查验不合格，应当告知客户具体减免政策，消除客户疑问。

2. 投诉受理流程

（1）发行服务机构接到客户投诉预受理工单后，应当在规定时间内核查验证相关证据的完整性和真实性。

（2）对于符合重大节假日、特殊通行证等减免政策的，发行服务机构确认存在多扣通行费的，须在投诉工单处理结果中写明退费时间、退费金额，并将工单完成正式受理后转至被投诉方［通行省（区、市）］。

（3）对于绿通车辆、联合收割机、集装箱车辆等符合应免未免的，发行服务机构应当将符合要求的工单完成正式受理，并转至被投诉方［出口省（区、市）］。

3. 投诉处理流程

（1）被投诉方接到投诉工单后，调取车道日志、录像等证明，核查确认客户是否存在应免未免，及时将车道日志、录像等证明作为投诉附件及核查结果，一并更新到投诉工单中。如存在应免未免，还须在投诉工单处理结果中写明退费时间、退费金额。

（2）确认应当退费后，发行服务机构在规定时间完成退款。涉及金融机构的，应协调金融机构在规定时间内完成退费；对于储值卡客户，如车道交易流水未产生，形成无流水交易但卡面确实重复扣费的，发行服务机构应当为客户储值卡调账。

（3）对于跨省（区、市）ETC 应免未免，被投诉方根据发行服务机构推送的 ETC 通行记录进行退费确认，确认后进入次日退费交易清分结算，相关省（区、市）补传红冲发票数据。

4. 投诉回复、结案

（1）如确认存在应免未免，发行服务机构回复客户时，应当明确告知客户产生应免未免的原因、退费时间和退费金额。

（2）如确认不存在应免未免，发行服务机构应当根据被投诉方给出的处理意见，及时向客户进行解释说明,安抚客户情绪。

(3)发行服务机构回复客户得到认可后,可完整填写投诉工单并及时结案。如客户不认可,发行服务机构应当在工单中准确记录原因及诉求,提交部级客户服务管理部门裁决。

5. 投诉回访

(1)投诉回访时,对确认应免未免的,应当询问客户是否获悉退费处理结果或者收到退费资金;对确认不存在应免未免的,应当及时做好解释说明。如客户反馈所投诉问题未得到及时有效解决,回访人员应当记录客户反馈问题和主要诉求,并在原工单上增加客户诉求及回访记录,作为重要投诉加快处理。

(2)投诉回访时,回访人员应当询问客户对投诉处理服务质量是否满意。如客户反馈对投诉处理服务质量不满意,应当生成服务质量投诉工单,转至相关省(区、市)进行处理。

6. 责任判定

(1)因客户原因造成的投诉,各参与方无责任。
(2)因车道或系统原因造成的投诉,属被投诉方责任。
(3)因收费员操作有误造成的投诉,属被投诉方责任。

7. 案例

事件描述:客户2021年4月份来电反映通行 A 省至 B 省,已通过中国 ETC 服务小程序预约绿通,下站查验合格,但 ETC 产生扣费 1475.72 元。

处置情况:客户车辆所属发行方服务机构应先引导客户至中国 ETC 服务小程序进行自主申请绿通退费;若客户不认可则生成工单转至出口省中心,出口省中心首先核实客户是否存在绿通查验记录,如存在绿通查验合格记录应为客户办理退费;若无绿通查验记录,则需要调取车道日志、录像等证明,核查客户是否符合绿通免费政策,如符合由出口省中心确认全额退费;若出口查验不合格,由发行服务机构告知客户具体减免政策。

三、延期扣费投诉

1. 投诉预受理流程

(1)投诉预受理人员应当提请客户提供车牌号、车牌颜色、卡号、收到短信的时间和扣款金额等信息,通过相关渠道查询客户通行记录。

(2)经查询后如确认存在延期扣费,应当向客户告知通行时间、通行路段、扣费金额等信息,及时进行账单情况说明,消除客户疑问。

(3)经查询后如不能确认是否存在延期扣费或对账单不认可,应当按照工单模板规范填写,并将关联的通行记录作为附件,一并转至发行服务机构。

2. 投诉受理流程

(1)发行服务机构接到客户投诉预受理工单后,应当核查验证相关证据的完整性和真实性。

(2)发行服务机构核查扣费短信接收时间以及是否属于延期扣费。确认不属于延期扣费的,应当在投诉工单中写明产生原因。确认属于延期误扣费的,发行服务机构应当进行退费处理,在投诉工单处理结果中写明退费时间、退费金额,并将工单完成正式受理后转至被投诉方[通行省(区、市)]。

3. 投诉处理流程

(1)确认应当退费后,发行服务机构在规定时间内完成退款。涉及金融机构的,应协调金融机构在规定时间内完成退费。

(2)对于跨省(区、市)ETC多扣通行费,被投诉方根据发行服务机构推送的ETC通行记录进行退费确认,确认后进入次日退费交易清分结算,相关省(区、市)补传红冲发票数据。

4. 投诉回复、结案

(1)发行服务机构应当根据被投诉方给出的最终处理结果回复客户,向客户说明通行费扣款对应的通行明细。

(2)如客户对投诉处理结果认可的,发行服务机构应当在投诉工单中填写投诉结果,并及时结案。客户对通行明细不认可的,发行服务机构应当在投诉工单中准确记录原因及诉求,提交部级客户服务管理部门裁决。

5. 投诉回访

(1)投诉回访时,回访人员应当询问客户,发行服务机构是否已向客户核对通行明细,客户是否认可投诉处理结果。如客户反馈投诉问题未得到解决,回访人员应当生成二次投诉工单,作为重要投诉加快处理。

(2)投诉回访时,回访人员应当询问客户对投诉处理服务质量是否满意。如客户反馈对投诉处理服务质量不满意,应当生成服务质量投诉工单,转至相关省(区、市)进行处理。

6. 责任判定

(1)因客户原因造成的投诉,各参与方无责任。
(2)因延期扣费造成的投诉,属被投诉方责任。

四、相同路径不一致扣费投诉

1. 投诉预受理流程

(1)投诉预受理人员应当首先查询该客户通行记录,及时核实有关情况,认真解答客户疑问。

(2)如投诉预受理人员能够查询到客户通行记录时,应当按照工单模板规范填写,并将关联通行记录作为附件,一并转至发行服务机构。

(3)如投诉预受理人员无法查询到客户通行记录时,应当提请客户登录本人ETC账户查询交易清单,或者联系发行服务机构查询本人的相关通行记录,及时提供相关情况作为投诉处理依据。

(4)如投诉预受理人员无法查询到客户通行记录,且客户无法查询到通行记录或不愿意自行查询时,应当根据客户描述,规范填写投诉工单,转至发行服务机构。

2. 投诉受理流程

(1)发行服务机构接到客户投诉预受理工单后,应当核查验证相关证据的完整性和真实性。

（2）发行服务机构将符合要求的工单完成正式受理并转至被投诉方[通行省（区、市）]。

3. 投诉处理流程

（1）被投诉方接到投诉工单后，应当调取车道日志、录像等证明，核查确认客户是否存在多扣通行费，及时将车道日志、录像等证明作为投诉附件及核查结果，一并更新到投诉工单中。如存在多扣通行费，须在投诉工单处理结果中写明退费时间、退费金额。

（2）确认应当退费后，发行服务机构在规定时间内完成退款。涉及金融机构的，应协调金融机构在规定时间内完成退费；对于储值卡客户，如车道交易流水未产生，形成无流水交易但卡面确实多扣通行费的，发行服务机构应当为客户储值卡调账。

（3）对于跨省（区、市）ETC 多扣通行费，被投诉方根据发行服务机构推送的 ETC 通行记录进行退费确认，确认后进入次日退费交易清分结算，相关省（区、市）补传红冲发票数据。

4. 投诉回复、结案

（1）如确认存在多扣通行费，发行服务机构回复客户时，应当明确告知客户产生多扣通行费的原因、退费时间和退费金额。

（2）如确认不存在多扣通行费，发行服务机构应当根据被投诉方给出的处理意见，及时向客户进行解释说明，安抚客户情绪。

（3）发行服务机构回复客户得到认可后，可完整填写投诉工单并及时结案。如客户不认可投诉处理结果，发行服务机构应当在工单中准确记录原因及诉求，提交部级客户服务管理部门裁决。

5. 投诉回访

（1）投诉回访时，对确认多扣通行费的，应当询问客户是否获悉退费处理结果或者收到退费资金；对确认不存在多扣通行费的，应当及时做好解释说明。如客户反馈所投诉问题未得到及时有效解决，回访人员应当记录客户反馈问题和主要诉求，并在原工单上增加客户诉求及回访记录，作为重要投诉加快处理。

（2）投诉回访时，回访人员应当询问客户对投诉处理服务质量是否满意。如客户反馈对投诉处理服务质量不满意，应当生成服务质量投诉，转至相关省（区、市）进行处理。

6. 责任判定

（1）因客户原因造成的投诉，各参与方无责任。
（2）因车道或系统原因产生的投诉，属被投诉方责任。
（3）因收费员操作有误造成的投诉，属被投诉方责任。

7. 案例

事件描述：客户于 2021 年 5 月份来电反映，2021 年 4 月 7 日通行 A 省至 B 省，ETC 产生扣费 400.90 元，3 月份通行相同路径扣费 368.60 元，两次通行扣费不一致。

处置情况：客户车辆所属发行服务机构先受理客户问题，生成投诉工单转至通行省（区、市）道路业主。通行路段道路业主应先核实客户本次通行的计费车型及通行路径，再通过车道影像或出口道路业主出具的核实结果确定客户当次通行的实际车型及实际的通行路径，如核查结果为多扣费,道路业主应及时发起退款至发行服务机构,结案后为客户办理退费。如本次通行经核查收费正常,则按照客户诉求对客户3月份通行进行查询,因通行路径不一致导致的收费差异发行方服务机构应及时告知客户。若核查结果为3月份通行少收费,可按照相关规定执行。

第二节　通行费发票投诉

一、发票服务平台绑卡异常投诉

1. 投诉预受理流程

(1) 投诉预受理人员应当提请客户提供注册手机号码、车牌号及车牌颜色进行查询。

(2) 如客户在发票服务平台上绑定ETC卡(简称绑卡)时填写的信息与发行服务机构预留信息(手机号、证件信息等)不一致时,应当引导客户联系发行服务机构核实信息。

(3) 如客户信息已上传时,应当指导客户完成绑卡。当客户信息未上传时,应当按工单模板规范填写,转至相关发行服务机构。

2. 投诉受理流程

(1) 发行服务机构接到客户投诉预受理工单后,应当在规定时间内核查验证相关证据的完整性和真实性。

(2) 发行服务机构将符合要求的工单完成正式受理并进行处理。

3. 投诉处理流程

如客户信息未上传,发行服务机构应当立即将客户信息上传,将投诉处理结果更新到投诉工单中。如客户信息已上传,发行服务机构应当在投诉工单处理结果中写明上传时间。

4. 投诉回复、结案

(1) 如确认绑卡异常,发行服务机构回复客户时,应当明确告知客户产生绑卡异常原因,指导客户重新完成绑卡。

(2) 发行服务机构回复客户得到认可后,可完整填写投诉工单并及时结案。如客户不认可投诉处理结果,发行服务机构应当在工单中准确记录原因及诉求,提交部级客户服务管理部门裁决。

5. 投诉回访

(1) 投诉回访时,应当询问客户是否已完成发票服务平台绑卡操作。如客户反馈所投诉问题未得到及时有效解决,回访人员应当记录客户反馈问题和主要诉求,并在原工单上增加客户诉求及回访记录,作为重要投诉加快处理。

(2) 投诉回访时,回访人员应当询问客户对投诉处理服务质量是否满意。如客户反馈对投诉处理服务质量不满意,应当生成服务质量投诉,转至相关省(区、市)进行处理。

6. 责任判定

(1) 因客户原因造成的投诉,各参与方无责任。

(2)因客户信息未上传造成的投诉,属发行服务机构责任。

7. 案例

事件描述:客户2021年4月份来电反映注册手机号通过发票服务平台绑卡不成功,无法进行开票。

处置情况:客户车辆所属发行服务机构应及时核查客户信息是否已经上传,如核查客户信息已经上传,生成工单转至发票服务平台,由发票服务平台核查客户信息未显示原因并为客户解决问题;若未上传客户信息,发行服务机构应及时补传客户信息并告知客户补传时间。

二、发票开具投诉

1. 投诉预受理流程

(1)如储值卡客户需要开具充值发票,投诉预受理人员应当提请客户提供注册手机号码、车牌号及车牌颜色、充值时间和充值金额进行查询。投诉预受理人员核查客户需要开具发票的充值记录是否上传,如充值记录未上传,应当按工单模板规范填写,转至相关发行服务机构。

(2)如客户需要开具消费发票,投诉预受理人员应当提请客户提供注册手机号码、车牌号及车牌颜色、通行记录等查询。投诉预受理人员核查客户需要开具发票的通行记录是否上传,如通行记录未上传且未超过7个自然日,应当建议客户7个自然日后再重新尝试开具发票;如通行记录超过7个自然日仍未上传,应当按工单模板规范填写,转至相关发行服务机构。

2. 投诉受理流程

(1)发行服务机构接到客户投诉预受理工单后,应当核查验证相关证据的完整性和真实性。

(2)发行服务机构将符合要求的工单完成正式受理并转至被投诉方。

3. 投诉处理流程

发行服务机构根据客户提供的信息,核实客户充值记录是否上传,如未上传应当立即完成上传,将投诉处理结果更新到投诉工单中。如充值记录已上传,发行服务机构应当在投诉工单处理结果中写明上传时间。通行省中心应当在接到投诉工单后在规定时间内响应,核实客户通行记录是否上传,如未上传应当立即完成上传,将投诉处理结果更新到投诉工单中。如通行记录已上传,发行服务机构应当在投诉工单处理结果中写明上传时间。

4. 投诉回复、结案

(1)如确认充值记录或通行记录未上传,发行服务机构回复客户时,指导客户重新完成充值发票或消费发票开具。

(2)发行服务机构回复客户得到认可后,可完整填写投诉工单并及时结案。如客户不认可投诉处理结果,发行服务机构应当在工单中准确记录原因及诉求,提交部级客户服务管理部门裁决。

5. 投诉回访

(1)投诉回访时,应当询问客户是否已完成充值发票或消费发票开具。如客户反馈所投诉问题未得到及时有效解决,回访人员应当记录客户反馈问题和主要诉求,并在原工单上增加客户诉求及回访记录,作为重要投诉加快处理。

(2)投诉回访时,回访人员应当询问客户对投诉处理服务质量是否满意。如客户反馈对投诉处理服务质量不满意,应当生成服务质量投诉,转至相关省(区、市)进行处理。

6. 责任判定

(1)因客户原因造成的投诉,各参与方无责任。

(2)因充值记录或通行记录未上传造成的投诉,属发行服务机构责任。

7. 案例

事件描述:客户2021年4月份来电反映通行A站至B站,交易金额:9.5元,通过发票服务平台开具此笔交易发票,但发票服务平台未显示该条交易记录,通行交易已超过7个自然日,仍无法开票。

处置情况:分析问题可能的原因。情况一,通行省(区、市)未上传客户通行记录。通行省中心应当根据客户提出的交易时间及地点,及时核查车道交易流水,如车道交易流水未上传且未逾期,通行省中心应及时补传交易流水;情况二,通行省(区、市)核查已上传客户通行记录至发票服务平台,但发票服务平台未显示客户交易信息。发票服务平台应及时核实客户是否已经进行开具发票或客户查询界面不一致,导致客户认为通行交易未上传;若均未查询客户的交易信息,则发票服务平台应及时排查客户交易信息不显示的具体原因并为客户解决开票问题。

三、发票服务平台异常投诉

1. 投诉预受理流程

(1)投诉预受理人员应当根据客户提供的注册手机号码进行查询。

(2)平台使用问题,应当按照工单模板规范填写,转至发行服务机构。

2. 投诉受理流程

(1)发行服务机构接到客户投诉预受理工单后,应当核查验证相关证据的完整性和真实性。

(2)发行服务机构将符合要求的工单完成正式受理并转至被投诉方(发票服务平台)。

3. 投诉处理流程

发票服务平台应当在接到投诉工单后,核查本平台是否存在故障,并将核查结果更新到投诉工单中。

4. 投诉回复、结案

(1)如确认发票服务平台存在问题,应当协调发票服务平台及时排除故障,并由发行服务机构指导客户重新操作。

(2)如确认发票服务平台不存在问题,发行服务机构指导客户重新操作。

(3)发行服务机构回复客户得到认可后,可完整填写投诉工单并及时结案。如客户不认可投诉处理结果,发行服务机构应当在工单中准确记录原因及诉求,提交部级客户服务管理部门裁决。

5.投诉回访

(1)投诉回访时,回访人员应当询问客户是否已完成发票服务平台操作。如客户反馈所投诉问题未得到及时有效解决,回访人员应当记录客户反馈问题和主要诉求,并在原工单上增加客户诉求及回访记录,作为重要投诉加快处理。

(2)投诉回访时,回访人员应当询问客户对投诉处理服务质量是否满意。如客户反馈对投诉处理服务质量不满意,应当生成服务质量投诉,转至相关省(区、市)进行处理。

6.责任判定

(1)因客户原因造成的投诉,各参与方无责任。

(2)因发票服务平台原因造成的投诉,属发票服务平台责任。

第三节　ETC通行异常投诉

1.投诉预受理流程

(1)投诉预受理人员应当提请客户提供车牌号、车牌颜色等关键信息,为客户查询ETC卡和标签状态、有效期信息。

(2)经核实ETC卡和标签状态正常或在有效期内,如属于偶发通行异常,建议客户尝试继续通行使用;如属频繁通行异常,应当初步判断原因并展开相应处理。

(3)如ETC卡或标签损坏,应当建议客户联系原发行服务机构办理产品更换。

(4)如ETC卡的状态名单属于账户透支,应当建议客户尽快完成充值或还款。

(5)如ETC卡或标签的状态名单属于挂失、挂起,应当向客户解释原因,并提醒客户联系发行服务机构核实处理。

(6)如ETC卡或标签的状态名单更新未超过规定时间,应当向客户解释说明情况,并建议客户在状态名单更新后通行。

(7)如ETC卡或标签的状态更新已超过规定时间,应当按工单模板规范填写,转至相关发行服务机构。

(8)经核实ETC卡和标签超过有效期,应当告知客户联系原发行服务机构办理产品续期业务。

2.投诉受理流程

(1)发行服务机构接到客户投诉预受理工单后,应当核查验证相关证据的完整性和真实性。

(2)发行服务机构将符合要求的工单完成正式受理并转至被投诉方。当客户在个别或多个站点无法通行时,应当将投诉工单转至站点所属道路业主核实处理;当发行服务机构解除状态名单延时时,应当将投诉工单转至发行服务机构核实处理;当发行服务机构所在地的省(区、市)收费公路联网收费结算管理机构(简称省中心)上传延迟时,应当将投诉工单转至该省中心核查处理;当部级客户服务管理部门向全网发布延迟时,应当将投诉工单转至部级客户服务管理部门核查处理;当道路业主所在地省中心下载延迟时,应当将投诉工单转至该省中心核查处理。

3. 投诉处理流程

被投诉方接到投诉工单后应当在规定时间内响应,发行服务机构核查卡或标签是否存在产品问题,如存在问题应当尽快为客户办理产品更换,并将核查结果及时记录到工单中;省中心或部级客户服务管理部门接到投诉工单后,应当在规定时间内响应,检查状态名单更新情况,如存在问题应立即整改,并将相关情况及时记录到工单中;道路业主接到投诉工单后,应当在规定时间内响应,检查车道状态名单更新情况、车道设备和天线是否存在故障,如存在问题应立即整改,并将相关情况及时记录到工单中。

4. 投诉回复、结案

(1)如确认被投诉方原因造成客户无法正常通行的,应当向客户解释说明,并请客户观察日后通行情况。

(2)发行服务机构回复客户得到认可后,可完整填写投诉工单并及时结案。如客户不认可投诉处理结果,发行服务机构应当在工单中准确记录原因及诉求,提交部级客户服务管理部门裁决。

5. 投诉回访

(1)投诉回访时,回访人员应当询问客户是否能正常通行。如客户反馈所投诉问题未得到及时有效解决,回访人员应当记录客户反馈问题和主要诉求,并在原工单上增加客户诉求及回访记录,作为重要投诉加快处理。

(2)投诉回访时,回访人员应当询问客户对投诉处理服务质量是否满意。如客户反馈对投诉处理服务质量不满意,应当生成服务质量投诉,转至相关省(区、市)进行处理。

6. 责任判定

(1)因客户原因造成的投诉,各参与方无责任。
(2)因发行服务机构上传状态名单延迟造成的投诉,属发行服务机构责任。
(3)因省中心上传状态名单延迟造成的投诉,属省中心责任。
(4)因道路业主车道更新状态名单或车道天线、设备故障造成的投诉,属道路业主责任。
(5)因收费员操作有误造成的投诉,属道路业主责任。

7. 案例

事件描述:客户2021年5月份来电反映通行A省至B省,上站使用ETC车道不抬杆,无法正常通行。

处置情况:分析问题可能的原因。情况一,客户ETC卡或标签在状态名单里,发行服务机构应先核实客户ETC卡或标签是否属于状态名单,如属于状态名单,发行服务机构应核查其所属状态名单具体原因,并联系客户告知其解决处理办法。情况二,因发行问题使客户车型与实际车型不一致,导致无法正常通行,发行服务机构应首先确认客户实际车型与办理车型是否一致,如办理不一致应主动为客户更正车型信息为准确车型。情况三,车道设备问题导致入站异常。入口道路业主应及时排查 ETC 车道设备是否运行正常,如车道设备异常应及时整改并优化。

第四节　ETC 卡或标签使用投诉

一、产品故障投诉

1. 投诉预受理流程

(1)投诉预受理人员应当提请客户提供车牌号、车牌颜色等关键信息,为客户查询车牌发行信息。

(2)客户反映 ETC 标签无法读卡,或标签显示屏报错,建议客户到发行服务机构办理产品检测;如客户不愿自行联系发行服务机构办理,应当按工单模板规范填写,转至相关发行服务机构。

2. 投诉受理流程

(1)发行服务机构接到客户投诉预受理工单后,应当核查验证相关证据的完整性和真实性。

(2)发行服务机构将符合要求的工单完成正式受理并进行处理。

3. 投诉处理流程

发行服务机构应当引导客户到指定网点或采用邮寄方式进行产品检测,非人为损坏且在质保期内的免费更换,并将相关情况及时记录到工单中。

4. 投诉回复、结案

发行服务机构回复客户得到认可后,可完整填写投诉工单并及时结案。如客户不认可投诉处理结果,发行服务机构应当在工单中准确记录原因及诉求,提交部级客户服务管理部门裁决。

5. 投诉回访

(1)投诉回访时,回访人员应当询问客户产品问题是否已解决。如客户反馈所投诉问题未得到及时有效解决,回访人员应当记录客户反馈问题和主要诉求,并在原工单上增加客户诉求及回访记录,作为重要投诉加快处理。

(2)投诉回访时,回访人员应当询问客户对投诉处理服务质量是否满意。如客户反馈对投诉处理服务质量不满意,应当生成服务质量投诉,转至相关省(区、市)进行处理。

6. 责任判定

(1)因客户原因造成的投诉,各参与方无责任。

(2)因产品本身原因造成的投诉,属发行服务机构责任。

7. 案例

事件描述:客户 2021 年 1 月份来电反映,在使用 ETC 过程中,发现 OBU 设备(标签)插拔 ETC 卡片时屏幕无任何反应,无法正常使用。

处置情况:客户车牌所属发行服务机构受理客户投诉后,应当先引导客户插拔 ETC 卡片检测 OBU 设备是否可以正常使用。如设备可以正常使用,建议客户再次尝试使用;若设备无任何反应,应引导客户到指定网点或采用邮寄方式进行产品检测,非人为损坏且在质保期内的按照相关规定执行,并联系客户告知处理结果。

二、绿通(集装箱)车辆预约信息异常投诉

1. 投诉预受理流程

(1)投诉预受理人员应当提请客户提供车牌号、车牌颜色等关键信息,为客户查询车牌发行信息。

(2)如客户预约时填写的信息与发行服务机构预留信息(手机号、证件信息等)不一致时,应当引导客户联系发行服务机构核实信息。客户不愿自行联系发行服务机构办理,应当按工单模板规范填写,转至相关发行服务机构。

(3)如客户填写的信息正常,应当指导客户完成预约。

2. 投诉受理流程

(1)发行服务机构接到客户投诉预受理工单后,应当在规定时间内核查验证相关证据的完整性和真实性。

(2)发行服务机构将符合要求的工单完成正式受理并进行处理。

3. 投诉处理流程

如客户预留信息未上传,发行服务机构接到投诉工单后应当立即完成上传,并将相关情况更新到投诉工单中。如客户预留信息已上传,发行服务机构应当在投诉工单中写明上传时间。

4. 投诉回复、结案

(1)发行服务机构回复客户时,应当明确告知客户预约失败原因,指导客户完成预约操作。

(2)发行服务机构回复客户得到认可后,可完整填写投诉工单并及时结案。如客户不认可投诉处理结果,发行服务机构应当在工单中准确记录原因及诉求,提交部级客户服务管理部门裁决。

5. 投诉回访

(1)投诉回访时,应当询问客户是否已完成预约操作。如客户反馈所投诉问题未得到及时有效解决,回访人员应当记录客户反馈问题和主要诉求,并在原工单上增加客户诉求及回访记录,作为重要投诉加快处理。

(2)投诉回访时,回访人员应当询问客户对投诉处理服务质量是否满意。如客户反馈对投诉处理服务质量不满意,应当生成服务质量投诉,转至相关省(区、市)进行处理。

6. 责任判定

(1)因客户原因造成的投诉,各参与方无责任。

(2)因数据上传不及时造成的投诉,属发行服务机构责任。

第五节　ETC发行售后投诉

一、车牌信息占用投诉

1. 投诉预受理流程

（1）当投诉预受理人员应当提请客户提供注册手机号码、车牌号及车牌颜色进行查询。如不能查询到车牌发行记录，建议客户重新尝试办理。如确认车牌已发行，应当询问客户发行车辆是否属于单位客车，如属单位客车引导客户线下办理解除车牌占用；如属个人客车或货车客户，引导客户联系发行服务机构解除车牌占用。

2. 投诉受理流程

（1）发行服务机构接到客户投诉预受理工单后，应当核查验证相关证据的完整性和真实性。
（2）发行服务机构将符合要求的工单完成正式受理并进行处理。

3. 投诉处理流程

发行服务机构应当在规定时间内完成解除车牌占用业务，并将解除时间记录到工单中。

4. 投诉回复、结案

（1）发行服务机构回复客户时，应当告知客户车牌占用解除情况。
（2）发行服务机构回复客户得到认可后，可完整填写投诉工单并及时结案。如客户不认可投诉处理结果，发行服务机构应当在工单中准确记录原因及诉求，提交部级客户服务管理部门裁决。

5. 投诉回访

（1）投诉回访时，应当询问客户是否已完成车牌占用解除。如客户反馈所投诉问题未得到及时有效解决，回访人员应当记录客户反馈问题和主要诉求，并在原工单上增加客户诉求及回访记录，作为重要投诉加快处理。
（2）投诉回访时，回访人员应当询问客户对投诉处理服务质量是否满意。如客户反馈对投诉处理服务质量不满意，应当生成服务质量投诉，转至相关省（区、市）进行处理。

6. 责任判定

（1）因客户原因产生的投诉，各参与方无责任。
（2）因非客户原因产生的投诉，属发行服务机构责任。

二、收货问题投诉

1. 投诉预受理流程

（1）投诉预受理人员应当提请客户提供办理时预留的手机号码，为客户查询订单信息。
（2）如客户新办未超过7个自然日，建议客户咨询发行服务机构核查物流信息；如客户新办超过7个自然日仍未收货，应当按工单模板规范填写，转至相关发行服务机构。

(3)如客户收到不属于本人的 ETC 产品,应当按工单模板规范填写,并请客户提供已收到产品的卡/标签照片作为附件,一并转至发行服务机构。

2. 投诉受理流程

(1)发行服务机构接到客户投诉预受理工单后,应当核查验证相关证据的完整性和真实性。

(2)发行服务机构将符合要求的工单完成正式受理并进行处理。

3. 投诉处理流程

发行服务机构应当核查是否发货或产品邮寄错误,如未发货应当尽快邮寄;如已发货,应当核查物流状态,并催办物流公司完成送货;如产品邮寄错误,应当立即重新邮寄产品,并将相关信息录入工单。

4. 投诉回复、结案

(1)发行服务机构回复客户时,应当告知客户产品发货状态及物流信息。

(2)发行服务机构回复客户得到认可后,可完整填写投诉工单并及时结案。如客户不认可投诉处理结果,发行服务机构应当在工单中准确记录原因及诉求,提交部级客户服务管理部门裁决。

5. 投诉回访

(1)投诉回访时,应当询问客户是否已收到产品发货情况。如客户反馈所投诉问题未得到及时有效解决,回访人员应当记录客户反馈问题和主要诉求,并在原工单上增加客户诉求及回访记录,作为重要投诉加快处理。

(2)投诉回访时,回访人员应当询问客户对投诉处理服务质量是否满意。如客户反馈对投诉处理服务质量不满意,应当生成服务质量投诉,转至相关省(区、市)进行处理。

6. 责任判定

因发错货、7 个自然日内未完成发货等原因产生的投诉,属发行服务机构责任。

7. 案例

事件描述:客户 2021 年 3 月份来电反映,在国务院客户端小程序—公共服务—ETC 服务申请办理 A 省 ETC,且申办已经超过 7 个自然日仍未收到设备。

处置情况:客户车牌办理所属发行服务机构应受理客户问题。首先核实客户订单状态,如办理未超过 7 个自然日,发行服务机构应先核实客户物流状态并告知,建议客户耐心等待。如办理超过 7 个自然日,发行服务机构应当排查客户订单信息和物流状态,核实是否已为客户发货,若未发货,发行服务机构应尽快为客户发货并联系客户告知处理结果。

第六节 ETC 拓展应用投诉

一、ETC 拓展应用消费争议投诉

投诉预受理人员请客户提供车牌号、车牌颜色、拓展应用消费地点所属省(区、市)等信

息,核实客户消费记录。经核实不属于 ETC 账户支付的消费,投诉预受理人员应当引导客户向相关合作机构的服务渠道进行咨询投诉。经核实属于 ETC 账户支付的消费,应当初步判断投诉类型并进行投诉受理。

1. 投诉预受理流程

(1)投诉预受理人员应当首先查询该客户交易记录,及时核实有关情况,认真解答客户疑问。

(2)如投诉预受理人员能够查询到客户交易记录时,应当按照工单模板规范填写,并将关联交易记录作为附件,一并转至发行服务机构。

(3)如投诉预受理人员无法查询到客户交易记录时,应当提请客户登录本人 ETC 账户查询交易清单,或者联系发行服务机构查询本人的相关交易记录,及时提供相关情况作为投诉处理依据。

2. 投诉受理流程

(1)发行服务机构接到客户投诉预受理工单后,应当核查验证相关证据的完整性和真实性。

(2)发行服务机构将符合要求的工单完成正式受理并转至被投诉方(拓展应用场景关联的发行服务机构)。

3. 投诉处理流程

(1)被投诉方接到投诉工单后,应当调取车道日志、录像等证明,核查确认客户是否存在多扣通行费。及时将车道日志、录像等证明作为投诉附件及核查结果,一并更新到投诉工单中。如确认存在多扣通行费,须在投诉工单处理结果中写明退费时间、退费金额。

(2)确认应当退费后,发行服务机构在规定时间内完成退款。涉及金融机构的,应协调金融机构在规定时间内完成退费;对于储值卡客户,如车道交易流水未产生,形成无流水交易但卡面确实多扣通行费的,发行服务机构应当为客户储值卡调账。

(3)对于跨省(区、市)ETC 拓展应用多扣通行费,被投诉方根据发行服务机构推送的交易记录进行退费确认,确认后进入次日退费交易清分结算。

4. 投诉回复、结案

(1)如确认存在多扣通行费,发行服务机构回复客户时,应当明确告知客户产生多扣通行费的原因、退费时间和退费金额。

(2)如确认不存在多扣通行费,发行服务机构应当根据被投诉方给出的处理意见,及时向客户进行解释说明,安抚客户情绪。

(3)发行服务机构回复客户得到认可后,可完整填写投诉工单并及时结案。如客户不认可投诉处理结果,发行服务机构应当在工单中准确记录原因及诉求,提交部级客户服务管理部门裁决。

5. 投诉回访

(1)投诉回访时,对确认多扣通行费的,应当询问客户是否获悉退费处理结果或者收到退费资金;对确认不存在多扣通行费的,应当及时做好解释说明。如客户反馈所投诉问题未得到及时有效解决,回访人员应当记录客户反馈问题和主要诉求,并在原工单上增加客户诉求及回访记录,作为重要投诉加快处理。

(2)投诉回访时,回访人员应当询问客户对投诉处理服务质量是否满意。如客户反馈对投诉处理服务质量不满意,应当生成服务质量投诉,转至相关省(区、市)进行处理。

6. 责任判定

(1)因客户原因产生的投诉,各参与方无责任。

(2)因拓展应用系统设备原因产生的投诉,属被投诉方责任。

(3)因工作人员操作有误产生的投诉,属被投诉方责任。

7. 案例

事件描述:客户 2021 年 5 月份来电反映在 A 省停车场停车,出口移动支付 6 元后 ETC 又产生 6 元的多扣费。

处置情况:客户车辆所属发行服务机构应当先受理客户问题,核查客户此笔交易是否存在重复交易。若无法核实需生成工单转至停车场合作参与方,停车场合作参与方应及时调取停车场停车记录、录像等证明,核实确认是否存在多扣费。如确认存在多扣费,发行服务机构应在规定时间内为客户办理退费;若不存在多扣费,发行方服务机构联系客户告知。

二、拓展应用通行(交易)异常投诉

1. 投诉预受理流程

(1)投诉预受理人员应当提请客户提供车牌号、车牌颜色等关键信息,为客户查询 ETC 卡和标签状态、有效期是否正常。

(2)如 ETC 卡或标签损坏,应当建议客户联系原发行服务机构办理产品更换。

(3)如 ETC 卡的状态名单属于账户透支,应当建议客户尽快完成充值或还款。

(4)如 ETC 卡或标签的状态名单属于挂失、挂起,应当向客户解释原因,并提醒客户联系发行服务机构核实处理。

(5)如 ETC 卡或标签的状态名单更新未超过规定时间,应当向客户解释说明情况,并建议客户在状态名单更新后通行。

(6)如 ETC 卡或标签的状态更新已超过规定时间,应当按工单模板规范填写,转至相关发行服务机构。

(7)经核实 ETC 卡和标签超过有效期,应当告知客户联系原发行服务机构办理产品续期业务。

2. 投诉受理流程

(1)发行服务机构接到客户投诉预受理工单后,应当核查验证相关证据的完整性和真实性。

(2)发行服务机构将符合要求的工单完成正式受理并转至被投诉方。

3. 投诉处理流程

被投诉方接到投诉工单后,应当核查拓展应用场景状态名单更新情况或设备是否存在故障,如存在问题应立即整改,并将相关情况及时记录到工单中。

4. 投诉回复、结案

(1)如确认被投诉方原因造成客户通行(交易)异常的,应当向客户解释说明,并请客户观察日后通行情况。

(2)发行服务机构回复客户得到认可后,可完整填写投诉工单并及时结案。如客户不认可投诉处理结果,发行服务机构应当在工单中准确记录原因及诉求,提交部级客户服务管理部门裁决。

5. 投诉回访

(1)投诉回访时,回访人员应当询问客户是否能正常通行(交易)。如客户反馈所投诉问题未得到及时有效解决,回访人员应当记录客户反馈问题和主要诉求,并在原工单上增加客户诉求及回访记录,作为重要投诉加快处理。

(2)投诉回访时,回访人员应当询问客户对投诉处理服务质量是否满意。如客户反馈对投诉处理服务质量不满意,应当生成服务质量投诉,转至相关省(区、市)进行处理。

6. 责任判定

(1)因客户原因造成的投诉,各参与方无责任。

(2)因发行服务机构上传状态名单延迟造成的投诉,属发行服务机构责任。

(3)因省中心上传状态名单延迟造成的投诉,属省中心责任。

(4)因部级客户服务管理部门发布状态名单延迟造成的投诉,属部级客户服务管理部门责任。

(5)因拓展应用场景更新状态名单或设备故障造成的投诉,属发行服务机构责任。

(6)因工作人员操作失误造成的投诉,属发行服务机构责任。

第七节　非ETC收费投诉

1. 投诉预受理流程

(1)投诉预受理人员应当提请客户提供车牌号码、车牌颜色、通行时间、入(出)口站信息进行查询。

(2)投诉预受理人员应当根据客户描述,规范填写投诉工单,并将客户提供的现金缴费凭证(或现金发票号、第三方支付流水号)作为附件,一并转至出口省中心。

2. 投诉受理流程

(1)出口省中心接到客户投诉预受理工单后,应当核查验证相关证据的完整性和真实性。

(2)出口省中心将符合要求的工单完成正式受理并转至被投诉方[通行省(区、市)]。

3. 投诉处理流程

(1)被投诉方接到投诉工单后,应当调取车道日志、录像等证明,核查确认客户是否存在多扣通行费。及时将车道日志、录像等证明作为投诉附件及核查结果,一并更新到投诉工单中。如存在多扣通行费,须在投诉工单处理结果中写明退费时间、退费金额。

(2)确认应当退费后,出口省中心在规定时间内完成退款。涉及金融机构的,应协调金融机构在规定时间内完成退费。

(3)对于跨省(区、市)非 ETC 多扣通行费,被投诉方根据出口省中心推送的交易记录进行退费确认,确认后进入次日退费交易清分结算,相关省(区、市)补传红冲发票数据。

4. 投诉回复、结案

(1)如确认存在多扣通行费,出口省中心回复客户时,应当明确告知客户产生多扣通行费的原因、退费时间和退费金额。

(2)如确认不存在多扣通行费,出口省中心应当根据被投诉方给出的处理意见,及时向客户进行解释说明,安抚客户情绪。

(3)出口省中心回复客户得到认可后,可完整填写投诉工单并及时结案。如客户不认可投诉处理结果,出口省中心应当在工单中准确记录原因及诉求,提交部级客户服务管理部门裁决。

5. 投诉回访

(1)投诉回访时,对确认多扣通行费的,应当询问客户是否获悉退费处理结果或者收到退费资金;对确认不存在多扣通行费的,应当及时做好解释说明。如客户反馈所投诉问题未得到及时有效解决,回访人员应当记录客户反馈问题和主要诉求,并在原工单上增加客户诉求及回访记录,作为重要投诉加快处理。

(2)投诉回访时,回访人员应当询问客户对投诉处理服务质量是否满意。如客户反馈对投诉处理服务质量不满意,应当生成服务质量投诉,转至相关省(区、市)进行处理。

6. 责任判定

(1)因客户原因造成的投诉,各参与方无责任。

(2)因车道原因产生的投诉,属被投诉方责任。

(3)因收费员操作有误造成的投诉,属被投诉方责任。

7. 案例

事件描述:客户 2021 年 5 月份来电反映通行 A 省至 C 省,移动支付 630 元,实际通行路径为 B 省至 C 省,多收通行费。

处置情况:客户通行出口省中心应先受理客户问题,生成工单转至 A 省、B 省和 C 省的道路业主,三省的道路业主接到投诉工单后,应当调取车道日志、录像等资料,先核实客户实际的入出口与交易信息中的入出口是否一致。若核验客户实际的入出口与交易信息中的入出口一致,则由出口省中心联系用户告知;若核验客户实际的入出口与交易信息的入出口不一致,相关道路业主确认应当退费后,出口省中心应在规定时间内完成退费。对于跨省(区、市)非 ETC 多扣通行费,道路业主根据出口省中心推送的交易记录进行退费确认,确认后进入次日退费交易清分结算,相关省(区、市)补传红冲发票数据。

第八节 服务投诉

1. 投诉预受理流程

投诉预受理人应当记录客户信息,根据客户描述按工单模板规范填写,转至相关发行服务机构。

2. 投诉受理流程

(1)发行服务机构接到客户投诉预受理工单后,应核验相关证据的完整性和真实性。

(2)发行服务机构将符合要求的工单完成正式受理并进行处理。

3. 投诉处理流程

发行服务机构通过调取话务录音、视频监控等进行质检,分析服务质量、服务渠道等是否存在问题,如属服务质量、服务渠道等造成的投诉,应当告知客户处理措施,并将核查结果录入工单。

4. 投诉回复、结案

(1)发行服务机构回复客户时,应当明确告知处理结果。

(2)发行服务机构回复客户得到认可后,可完整填写投诉工单并及时结案。如客户不认可投诉处理结果,发行服务机构应当在工单中准确记录原因及诉求,提交部级客户服务管理部门裁决。

5. 投诉回访

投诉回访时,应当询问客户是否收到处理结果。如客户反馈所投诉问题未得到及时有效解决,回访人员应当记录客户反馈问题和主要诉求,并在原工单上增加客户诉求及回访记录,作为重要投诉加快处理。

6. 责任判定

(1)因客户原因造成的投诉,各参与方无责任。

(2)因服务(服务质量、服务渠道)问题造成的投诉,属发行服务机构责任。

7. 案例

事件描述:客户2021年5月份来电反映,通行A省混合车道下站时因黑名单问题无法抬杆,转人工收费时工作人员服务态度恶劣。

处置情况:客户车辆所属发行服务机构应先受理客户问题。发行服务机构应当先核实客户是否为发行方服务机构黑名单,如客户为发行服务机构黑名单,发行服务机构应先核实客户黑名单的具体原因,并告知客户解决方法;若客户不属于发行服务机构黑名单,则发行服务机构需要将工单转至通行省(区、市)道路业主。通行省(区、市)道路业主应先排查客户通行本省(区、市)出现黑名单的具体原因,并尽快解决客户通行问题;再通过调取收费站视频监控等核实收费站人员的服务态度问题,如收费站工作人员存在服务态度问题,应对该工作人员采取相应的处理措施,并联系客户告知处理结果。

第四章　投诉快速处理程序

第一节　基本要求

（1）出现以下情况之一时，应当立即启动投诉快速处理程序。

①客户诉求迫切、可能进行再次投诉的；

②有舆情风险或已成为舆论热点的；

③属于重要投诉类型的；

④在规定时限内未结案的投诉；

⑤重复投诉（二次及以上投诉）；

⑥上级业务主管部门转办的；

⑦专项行动部署安排的。

（2）省级客服主管部门应当建立快速核查机制，依托相关业务系统和数据支撑，快速判断、核实被诉事件，给出处理意见。投诉快速处理应当在规定时间内结案。

（3）客户不认可投诉处理结果或投诉处理超时，部级客户服务管理部门应当及时介入并作出裁决。该裁决为最终投诉处理结果，被投诉方应当在规定时间内确认并执行处理结果。

（4）发行服务机构应当建立快速退费机制，确认多扣通行费的，应当采用先行垫付等方式，在规定时间内为客户退款。

（5）对于跨省（区、市）通行费争议投诉，被投诉方退费确认后，退费记录自动进入次日退费清分结算，各省（区、市）补传红冲发票数据。

（6）参与方应当认真核对客户扣款信息与交易数据、发票数据一致性，对于因数据未及时上传造成的投诉，应当在收到投诉工单后规定时间内完成缺失交易数据、发票数据等上传。

（7）发行服务机构应当对快速处理投诉进行全量回访，并做好客户回访记录，部级客户服务管理部门不定期进行抽检。

（8）省级客户服务管理部门应当建立事后追责补偿机制，优先响应解决客户合理诉求，再根据证据核查情况，判断相关参与方责任，责任方承担相关费用追偿等经济后果。

（9）省级客户服务管理部门应当建立自查整改机制，每日监测投诉数量、类型，归类分析，分析产生原因并研究解决措施，有效降低投诉数量。

第二节　主要类型投诉快速处理

一、ETC 通行费争议投诉

1. 一般规定

（1）ETC 通行费争议投诉快速处理和退费由发行服务机构负责。

（2）如发行服务机构可确认多扣通行费及多扣额度的，应当先行垫付，相应退费交易自动进入退费清分结算。

（3）如发行服务机构无法确认的，应当由通行省（区、市）核查确认是否存在多扣通行费及多扣金额，通行省（区、市）超时未处理视为默认本区域全额退费。

（4）发行服务机构收到处理结果后，确认多扣通行费的，应当先行垫付，在规定时间内完成退款。如涉及金融机构无法在规定时间内完成退款的，应当采用其他方式为客户快速退款。

2. ETC 重复扣费

1）ETC 账户重复扣费

（1）受理流程。

应当检查和明确的内容：

①单笔交易：仅一笔交易流水，是否存在两次以上扣费。

②多笔交易：通行本省（区、市）时相同时间、相同路径是否存在多笔交易流水并完成请款。

（2）处理、结案流程。

①如单笔交易多次扣费的，应当直接确认多扣通行费金额后结案。

②如多笔交易且交易金额一致时，应当直接确认多扣通行费金额后结案；如交易金额不一致时，即邻近时间内产生多笔相同路径不同金额的交易，应当首先转至通行省中心核查是否多扣通行费及多扣通行费金额。

（3）退费流程。

确认多扣通行费的，发行服务机构在规定时间内完成退款。

2）ETC 账户和现金重复扣费

（1）受理流程。

应核查并明确以下内容：

①确认 ETC 账户是否存在交易记账，同时请客户提供现金交易发票号。

②转至出口省中心确认是否多扣通行费。

（2）处理、结案流程。

①出口省中心核查确认 ETC 账户和现金交易是否存在多扣通行费，如确认多扣通行费，应当确认退费金额。

②通行省中心按照出口省中心意见进行退费处理。

③如确认未产生多扣通行费,相关通行省中心应当提供相关证据,并完成结案。
(3)退费流程。
确认多扣通行费的,发行服务机构应当先行垫付,并在规定时间内完成退款。

3)一车多签重复扣费
(1)受理流程。
投诉受理方应当核查并明确以下内容:
①发行服务机构先核查所有卡(标签)对应的 ETC 账户扣费交易数据。
②确定多个卡(标签)的交易数据是否在邻近时间内产生多条交易记录。
(2)处理、结案流程。
①确认多个 ETC 账户已产生重复扣费的,发行服务机构将投诉转至相关通行省中心核查。
②通行省中心通过核查车道日志、车道图像、录像等形式,确认是否存在多扣通行费。
③如确实造成多扣通行费,应当确认多扣通行费金额后结案。
④如确认未产生多扣通行费,相关通行省中心应当提供相关证据,并完成工单结案。
⑤发行服务机构回复客户时,同时向客户说明 ETC 使用注意事项。
(3)退费流程。
确认多扣通行费的,发行服务机构应当先行垫付,并在规定时间内完成退款。

3. 应免未免
1)出口时间在免费期间多扣通行费
(1)受理流程。
投诉受理方应当核查并明确发行服务机构根据上传的交易时间,确认出口时间是否在免费通行期间。
(2)处理、结案流程。
①如属于免费期间的,生成投诉工单转至出口省中心确认多扣通行费金额。
②如不属于免费期间的,发行服务机构应当向客户解释,如客户对解释不认可,可转出口省中心核查处理。
(3)退费流程。
确认多扣通行费的,发行服务机构应当先行垫付,并在规定时间内完成退款。

2)绿通导致多扣通行费
(1)受理流程应核查并明确以下内容。
①引导客户通过"中国 ETC 服务"小程序自助办理退费申请。
②因查验码缺失等原因造成无法自助申请绿通退费的,通过投诉流程完成退费申请。
(2)处理、结案流程。
①出口省中心确认是否符合绿通免费政策,如符合绿通免费政策,应当由出口省中心确认退费金额。
②其他通行省中心参照出口省中心确认结果,完成退费处理。
(3)退费流程。
确认多扣通行费的,发行服务机构应当先行垫付,并在规定时间内完成退款。

4. 相同路径不一致扣费

1)车型不一致导致多扣通行费

(1)受理流程。

发行服务机构应确认发行信息中的车型与客户实际车辆车型信息是否一致。

(2)处理、结案流程。

①如确认"小车大标",应当转至通行省中心核查多扣通行费金额。

②由发行服务机构在发行系统中更正车型信息。

(3)退费流程。

确认多扣通行费的,发行服务机构应当先行垫付,并在规定时间内完成退款。

2)记账卡多扣通行费

(1)受理流程。

发行服务机构应在受理环节中,根据客户描述勾选对应的交易记录,转至通行省中心核查处理。

(2)处理、结案流程。

①如通行省中心核查确认多扣通行费的,应当确认退费金额并完成结案。

②如未确认多扣通行费的,应当给出未产生多扣通行费的相关证据并完成结案。

(3)退费流程。

确认多扣通行费的,发行服务机构应当先行垫付,并在规定时间内完成退款。

3)储值卡多扣通行费

(1)受理流程。

发行服务机构应当核查储值卡账户是否产生交易记账。

(2)处理、结案流程。

①发行服务机构生成投诉工单转至通行省中心,通行省中心不做记账处理。

②确认ETC卡面已扣费、储值卡账户未扣费的,发行服务机构为客户进行卡面调整。

5. 延期扣费

(1)受理流程。

投诉受理方应当核查并明确以下内容:

①发行服务机构根据客户收到的扣费短信,核查对应的记账交易。

②针对核查确认的记账交易,与客户进行账单核对。

(2)处理、结案流程。

①对超过规定时间仍产生记账处理的,应当向客户进行解释、安抚。

②如客户对解释不认可的,发行服务机构为客户办理退费。

③发行服务机构勾选对应交易,转至通行省中心核查处理。

④如确认延期扣费的,通行省(区、市)退还延期交易所对应金额并结案。

(3)退费流程。

确认延期扣费且发行服务机构向客户解释不认可的,发行服务机构应当立即先行垫付多扣通行费用,并在规定时间内完成退款。

二、非ETC收费投诉

1. 一般规定

非ETC收费投诉快速处理和退费由出口省中心负责。

2. 受理流程

对于出口采用现金方式扣费的,出口省中心先行确认是否多扣通行费。

3. 处理、结案流程

(1)如出口省中心确认多扣通行费及多扣额度的,应当先行垫付。通行省中心,根据出口省中心结果进行确认处理,相应的退费交易自动进入退费清分结算。

(2)如出口省中心无法确认的,应当由通行省(区、市)在限时内核查确认是否多扣通行费(超时未处理视为认可本区域全额退费)及多扣额度,出口省中心收到处理结果后应当先行垫付,相应的退费交易自动进入退费清分结算。

4. 退费流程

确认多扣通行费的,出口省中心应当先行垫付,并在规定时间内完成退款。

三、通行费发票投诉

1. 一般规定

(1)发行服务机构核实为充值发票未上传,应及时完成充值交易数据补传。如未在规定时限内完成补传,应当为客户退款。

(2)发行服务机构核实为消费发票未上传,通行省中心应当在规定时间内完成消费交易数据补传。如未在规定时限内完成补传,发行服务机构应当记录当前发票上传状态供日后追责,并进行快速退费处理,相应的退费交易自动进入退费清分结算。

2. 无法开具充值发票

1)受理流程

发行服务机构应当为客户核查充值发票开具失败的原因。

2)处理、结案流程

(1)发行服务机构完成充值交易数据上传,确保数据已上传至部级客户服务管理部门,引导客户重新开票并结案。

(2)对于限期内未完成充值交易数据上传,造成客户无法开票的,应当对发行服务机构给予追责处理。

3. 无法开具消费发票

1)受理流程

发行服务机构根据客户信息描述,依据交易记录查询结果,生成投诉工单转至通行省中心核查。

2）处理、结案流程

（1）通行省中心核查对应交易的发票基础数据是否完成上传。已上传成功的，将核查结果及相关证据填写至投诉工单中。未上传成功的，应当在收到投诉工单规定时间内重新完成发票基础数据上传工作，并在工单中准确填写处理意见，附上截图证据，确保数据已上传。

（2）发行服务机构引导客户重新完成消费发票开具工作。

四、发行售后投诉

占用客户车牌的经发行服务机构核实情况后，应当在规定时间内解除占用并上传相关信息。

1. 受理流程

发行服务机构根据客户描述，确认该客户属于车牌占用范围。

2. 处理、结案流程

（1）如属于车牌占用，应当为客户尽快解除车牌占用，引导客户完成重新办理并结案。

（2）对于发行服务机构未在规定时间内完成车牌占用解除，后台系统自动完成解除。

（3）对产生车牌占用的发行服务机构应当给予追责处理。

第五章 服务质量评价

第一节 基本原则及工作要求

坚持以诉促建。以提升客户体验为服务宗旨,围绕客户诉求建立行业服务评价体系,不断优化行业服务能力,提升行业服务水平。

坚持实事求是。科学、合理、公正、客观地对服务质量做出评价。

坚持突出重点。抓住重点服务环节进行质量考评,以点带面,促进服务提升。

坚持注重实效。细化考核标准、跟踪服务质量,秉持科学评价。

第二节 质量评价主要内容

(1)省级客户服务管理部门受省级交通主管部门委托,负责本省(区、市)客户服务质量考评工作,接受部级客户服务管理部门对本省(区、市)服务质量的考评;依据部级客户服务管理部门考评管理有关要求,制定本省(区、市)质量管理制度、质量考评标准;对本省(区、市)发行服务机构及道路业主实施协调及考评工作。

(2)发行服务机构负责本机构所属客户的ETC服务工作具体实施,接受部级客户服务管理部门及省级客户服务管理部门对本机构所属客户的服务质量考评工作,并持续改进,提升服务质量。

(3)道路业主负责辖区路段内所涉及通行费征收客户服务工作的具体实施,接受省中心对本辖区的服务质量考评,并持续改进,提升服务质量。

(4)采集全国ETC客户服务支持系统、全网客户服务监督热线的全量数据,统计分析一定时间周期内全国服务质量典型问题并形成各类服务问题均值基准线,作为对各省(区、市)服务质量的考核量化要素,并对问题整改效果和时效周期进行考评。

(5)主动监测公众媒体等相关舆情入口、受理上级相关单位转办的行业服务质量事件,对一定时间周期内的舆情及服务质量事件进行统计分析,对反映出来的服务质量问题进行分级、分类赋值,作为对各省(区、市)服务质量的考核量化要素,并对问题整改效果和时效进行考评。

(6)行业服务质量监督组织或聘请第三方专业服务评价机构定期对行业服务质量评价结果作出分析,作为对各省(区、市)服务质量工作优化和持续改进的参考依据。

(7)通过现场检查、数据分析等方式,采取百分制计分形式,对各省(区、市)服务质量及整改效果进行考评,并对考评结果进行排名、公示。

(8)考评发现服务质量的相关问题,及时进行沟通、确认,如有异议,可以书面形式申诉、反馈。

第三节　质量评价指标

一、百万客户投诉量

定义:客户投诉数量与该省(区、市)客户规模的比率。
计算公式:百万客户投诉量=客户投诉数量/客户规模×一百万。
例:A省百万客户投诉量(53.76)=客户投诉数量(1)/客户规模(18600)×1000000。

二、百万交易投诉量

定义:客户投诉数量与该省(区、市)通行交易规模的比率。
计算公式:百万交易投诉量=客户投诉数量/交易规模×一百万。
例:百万交易投诉量(500)=客户投诉数量(100)/交易规模(200000)×1000000。

三、投诉处理及时率(分参与方统计)

定义:及时处理的投诉数量与投诉总数量的比率。
计算公式:投诉处理及时率=及时处理投诉数量/投诉总数量×100%。
例:投诉处理及时率(95.10%)=及时处理投诉数量(1631)/投诉总数量(1715)×100%。

四、重复投诉率

定义:一个月内同一客户针对同一业务问题重复投诉量占整体投诉总数量的比率。
计算公式:重复投诉率=重复投诉数量/投诉总数量×100%。
例:重复投诉率(12.50%)=重复投诉数量(1)/投诉总数量(8)×100%。

五、投诉结案率(分参与方统计)

定义:结案投诉数量与应结案投诉数量的比率。
计算公式:投诉结案率=已结案的投诉数量/应结案的投诉数量×100%。
例:投诉结案率(100%)=已结案的投诉数量(24490)/应结案的投诉数量(24490)×100%。

六、投诉处理满意率

定义:投诉客户满意率是指投诉客户回访满意的数量占投诉客户成功回访量的比率。
计算公式:投诉客户满意率=回访满意数量/成功回访量×100%。
例:投诉客户满意率(50%)=回访满意数量(100)/成功回访量(200)×100%。

七、退款完成率

定义:退款完成率是指已退款投诉数量占应退款投诉总数量的比率。

计算公式:退款完成率 = 已退款投诉数量/应退款投诉总数量×100%。

例:退款完成率(50%) = 已退款投诉数量(100)/应退款投诉总数量(200)×100%。

八、判责完成率

定义:规定时间内实际完成判责投诉量占应完成判责投诉量的比率。

计算公式:判责完成率 = 规定时间内实际完成判责量/规定时间内应完成判责量×100%。

例:判责完成率(50%) = 规定时间内实际判责量(100)/规定时间内应判责量(200)×100%。

九、判责质检合格率

定义:部中心抽检判责合格量占总抽检量的比率。

计算公式:判责质检合格率 = 抽检判责合格量/总抽检量×100%。

例:判责质检合格率(50%) = 抽检判责合格量(100)/总抽检量(200)×100%。